BEI GRIN MACHT SICH IHR WISSEN BEZAHLT

- Wir veröffentlichen Ihre Hausarbeit, Bachelor- und Masterarbeit

- Ihr eigenes eBook und Buch - weltweit in allen wichtigen Shops

- Verdienen Sie an jedem Verkauf

Jetzt bei www.GRIN.com hochladen und kostenlos publizieren

Sportmarketing mit Digitalisierung. SWOT-Analyse eines Sportvereins und Erstellung einer App

Patrick Kümpfel

Bibliografische Information der Deutschen Nationalbibliothek:

Die Deutsche Nationalbibliothek verzeichnet diese Publikation in der
Deutschen Nationalbibliografie; detaillierte bibliografische Daten sind
im Internet über http://dnb.d-nb.de abrufbar.

ISBN: 9783346696748
Dieses Buch ist auch als E-Book erhältlich.

Druck und Bindung: Books on Demand GmbH, Norderstedt Germany
Gedruckt auf säurefreiem Papier aus verantwortungsvollen Quellen

Das vorliegende Werk wurde sorgfältig erarbeitet. Dennoch
übernehmen Autoren und Verlag für die Richtigkeit von Angaben,
Hinweisen, Links und Ratschlägen sowie eventuelle Druckfehler keine
Haftung.

Das Buch bei GRIN: https://www.grin.com/document/1255404

Deutsche Hochschule für

Prävention und Gesundheitsmanagement

Hermann Neuberger Sportschule 3

66123 Saarbrücken

Einsendeaufgabe

Fachmodul: Sportmarketing

Studiengang: Sportökonomie

**Datum
Präsenzphase:** 06.- 09.04.2021

Name, Vorname: Kümpfel, Patrick

Studienort: **Stuttgart**

Semester: **SS21**

Inhaltsverzeichnis

1 SWOT – Analyse

Nachfolgend wird für die TSG 1899 Hoffenheim eine SWOT-Analyse durchgeführt. Als Aspekte der Analyse werden die Stärken (Strengths), Schwächen (Weakness), Chancen (Oppurtunities) und Risiken (Threats) bearbeitet und hervorgehoben. Dies stellt eine Positionierungsanalyse der eigenen Aktivitäten gegenüber dem Wettbewerb dar (Hungenberg und Wulf 2015).

1.1 Ressourcenanalyse – Stärken und Schwächen

Der erste Teil der Analyse erfolgt unter der Berücksichtigung von drei Aspekten. Das Ziel einer Stärken-Schwächen-Analyse ist es, sich die gegenwärtig vorhandenen Ressourcen der TSG 1899 Hoffenheim bewusst zu machen und anhand derer Möglichkeiten und Strategien abzuleiten. Dazu sollen die Stärken und Schwächen der TSG mit denen des VFB Stuttgart, einem direkten Mittbewerber im unmittelbaren regionalen Umfeld, verglichen werden.

Eine Stärke der TSG 1899 Hoffenheim ist der sportliche Erfolg. Seit dem Aufstieg in die 1. Fußballbundesliga in der Saison 2007/2008 konnte man jedes Jahr die Klasse halten und stieg nicht wieder ab. Besonders hervorzuheben sind hier die Herbstmeisterschaft 2008, als man nach dem Aufstieg in die 1. Bundesliga nach Abschluss der Hinrunde auf Platz eins stand und die Saison auf Platz sieben als bester Aufsteiger abschloss. Darüber hinaus schoss man mit 42 Toren in 17 Spielen die meisten Tore aller Teams und begeisterte mit Offensivfußball. Ebenso herauszustellen ist auch die direkte Qualifikation zur UEFA Champions League in der Saison 2017/2018, als man die Bundesligasaison auf einem 3.Platz beendete. Diese Erfolge trugen sowohl zur nationalen als auch zur internationalen positiven Wahrnehmung und Steigerung des Bekanntheitsgrades, vor allem innerhalb Europas, bei. Der VFB Stuttgart wird dagegen vor allem national wahrgenommen. Hier gilt er als „Fahrstuhlmannschaft." So spielte der VFB Stuttgart zwei der letzten fünf Spielserien in der 2. Fußballbundesliga, schaffte aber dort auch in beiden Spielzeiten den direkten Wiederaufstieg. Ein weiteres positives Merkmal der TSG 1899 Hoffenheim ist die eigene Jugendarbeit. So begleitet die 1899Akademie, ein Fußballnachwuchsleistungszentrum, die jungen Spieler nicht nur sportlich, auch die schulische Ausbildung ist weitgehend professionalisiert und befindet sich auf einem hohen Niveau. Das Nachwuchsleistungszentren wird in regelmäßigen Abständen durch die DFL, DFB und die belgische Agentur double PASS zertifiziert und bewertet. Die Bewertung erfolgt anhand von acht Kriterien und es können maximal drei Qualitätssterne erreicht werden (DFB - Deutscher Fußball-Bund e.V. 2014). Seit Beginn der Zertifizierung 2007 erreichte die 1899Akademie durchgehend drei Qualitätssterne. Somit besteht seit Jahren eine gute Basis, um immer wieder Nachwuchsspieler in den Profibereich integrieren zu können. Diese Spieler können für den Verein spielen und bzw. oder für hohe Ablösesummen verkauft werden. Die TSG 1899 Hoffenheim ist im Jugendbereich also durchaus nachhaltig aufgestellt. Eine dritte Stärke des Vereins sind seine Fans und die damit verbundene hohe Stadionauslastung. Seit der Fertigstellung der prezero-Arena, der aktuellen Heimspielstätte der TSG, kamen in der Saison 2018/2019 im Schnitt 28456 Zuschauer zu den Heimspielen. Da die prezero-Arena über ein Fassungsvermögen von 30150 Plätzen verfügt, entspricht das einer Auslastung von rund 94%. Die Heimspiele der vorherigen Bundesligaserien weisen eine ähnlich hohe Auslastung auf. Als häufiger Kritikpunkt wird die geringe Anzahl an Mitgliedern der TSG genannt. Durch den schnellen Aufstieg aus der Regionalliga in die Bundesliga in den Jahren 2006 – 2008 konnte sich keine große Mitgliederbasis bilden. Mit aktuell 10425 Mitgliedern befindet sich der Verein mit Beginn der Saison 2020/2021 auf dem 17. von 18 Plätzen in der ersten Fußballbundesliga. Der VFB Stuttgart hat hier mit aktuell 71500 Mitgliedern beinahe die siebenfache Mitgliederanzahl und befindet sich damit ligaweit auf Platz sieben (Statista 2021a). Sowohl von medialer als auch von Fußballfanseite wird daher auch oft die mangelnde Tradition der TSG 1899 Hoffenheim genannt. Den Verein selbst gibt es zwar bereits seit 1899, er hat aber mit dem heutigen Profisportverein durch häufige Eigentümerwechsel nur noch äußerst wenig zu tun. Ein dritter und ebenfalls häufig angebrachter Kritikpunkt an der TSG 1899 Hoffenheim ist die Abhängigkeit von Dietmar Hopp. Er ist Mitbegründer der SAP-AG, einem deutschen Softwareunternehmen mit Sitz in Walldorf, unweit von Hoffenheim. Sein Vermögen wird auf ca. 9,1 Milliarden Euro geschätzt und im Jahr 2020 hielt er 5,52% der SAP-Aktien. Die SAP-AG ist Haupt- und Trikotsponsor des Vereins und Dietmar Hopp besitzt als Gesellschafter 96% des Vereins. Der VFB Stuttgart hat 11,75% seiner Vereinsanteile an die Daimler AG verkauft. Damit verbleiben 88,25% der Anteile im Verein und damit bei den Mitgliedern.

1.2 Analyse der Unternehmenswelt – Chancen und Risiken

Durch eine Analyse der Unternehmensumwelt sollen Chancen und Risiken möglichst frühzeitig erkannt werden. So ist es möglich, Entwicklungspotentiale zu erkennen und möglichen Risiken zeitnah entgegenzusteuern (Hungenberg und Wulf 2015).

Der Tabellenplatz am Ende der Saison bestimmt, wie viel Gewinnausschüttung ein Verein erhält. Dies bedeutet im Umkehrschluss, dass, je besser die TSG 1899 Hoffenheim sportlich abschneidet, umso mehr Gelder erhält sie durch die Deutsche Fußball Liga. Seit der Saison 2020/2021 erreicht auch der sechste der Abschlusstabelle einen internationalen Wettbewerb, die UEFA Conference League. Der vierte Tabellenplatz, sowie alle höheren Platzierungen sind gleichbedeutend mit der Teilnahme an der UEFA Champions League, dem größten und populärsten internationalen Vereinswettbewerb. Dieser ist mit dem stärksten nationalen und internationalen Interesse verbunden. Auch ist der Teilnahmebonus hier am höchsten und steigt mit dem Erreichen weiterer Runden im Wettbewerb. Die Prämie für den Start in der Gruppenphase liegt hier bei 15,25 Millionen Euro (Stand: Saison 2020/2021) (Statista 2021b).

Durch eine Teilnahme an einem internationalen Wettbewerb, steigt auch die mediale Berichterstattung. Dadurch wird der Verein attraktiver für neue Kunden im B2B-Bereich. (Galli et al. 2012).

Eine weitere Chance des Vereins besteht im Verkauf von Merchandisingprodukten und deren Vermarktungslizenzen. Der Verein befindet sich im Bundesland Baden-Württemberg und dort innerhalb der Metropolregion Rhein-Neckar, mit ca 2,4 Millionen Einwohnern Diese ist bekannt für ihr überdurchschnittliches Pro-Kopf-Einkommen und ihre starke Kaufkraft (Seils). Auch ist eine Verschiebung der Work-Life-Balance innerhalb der Bevölkerung zu mehr Freizeit in den letzten Jahren belegbar (Weniger Arbeit, mehr Freizeit 2019). Durch den Verkauft von Merchandisingprodukten kann nicht nur der Umsatz gesteigert werden, es entsteht auch eine engere emotionale Bindung an den Verein, was zu weiteren Käufen (Tickets, Trikots, etc.) führen kann (Zanger 2015).

1.3 SWOT- Matrix

Tabelle 1: SWOT-Matrix TSG 1899 Hoffenheim

SWOT-Matrix	Chancen (Opportunities)	Risiken (Threats)
Stärken (Strengths)	- Ausbau der Jugendabteilung - Ausbau des sportlichen Erfolges und der Transfereinnahmen	- Erweiterung des B2B-Bereichs - Investitionen in die 1899Akademie
Schwächen (Weaknesses)	- Erhöhung der Markenpräsenz - Verbesserung des Vereinsimages	- Ausbau des Stadions - Erhöhung der Zuschauereinnahmen

S-O-Strategien:

Eine erste S-O-Strategie der TSG 1899 Hoffenheim ist der weitere Ausbau der Jugendabteilung. Dadurch kann im Verein ein langfristiges Wachstum generiert werden, sowohl sportlich als auch finanziell. Starke Jugendspieler können weiterhin in den Profibereich eingegliedert werden und dadurch zum sportlichen Erfolg beitragen. Durch hohe Ablösesummen, die man bereits bei der Vertragsunterzeichnung festsetzen kann, können weitere Einnahmen auf dem Transfermarkt generiert werde. Diese können in die Verbesserung des Kaders und der 1899Akademie investiert werden. Das wiederum zeigt eine nachhaltige und langfristige Wirtschaftsstrategie des Vereins, was ihn attraktiver für neue Sponsoren werden lässt.

W-O-Strategien:

Die im Vergleich zu den anderen Bundesligavereinen geringe Anzahl der Vereinsmitglieder kann durch eine höhere Markenpräsenz und einer Attraktivitätssteigerung erhöht werden. So kann der Verein durch das Sammeln von Spenden, die Unterstützung von wohltätigen Organisationen oder Projekten, oder das Sponsoring von sozialen Veranstaltungen das Markenimage weiter verbessern. Die kurze Tradition muss hier kein Nachteil sein. Junge Unternehmen zeichnen sich durch flache Hierarchien und kurze Entscheidungsprozesse aus. So gibt es eine Reihe von jungen Unternehmen, die trotz kurzer Marktzugehörigkeit wirtschaftlich erfolgreich sind. So können neue, wachstumsfördernde Synergien im B2B-Bereich entstehen.

7

S-T-Strategien:

Wie bereits in den S-O-Strategien angesprochen, ist es durch eine nachhaltige Transfer-
und Jugendstrategie im Verein möglich, das Vereinsimage weiter zu stärken und den Verein für potenzielle neue Fans und Mitglieder attraktiver zu machen. Viele Fans etablierter
Clubs wenden sich durch eine zu aggressive Transferpolitik von ihrem Verein ab und hin
zu Vereinen aus unteren Klassen, in denen vorrangig Spieler aus der Region des Vereins
spielen. Hier kann durch den Einsatz von Spielern aus der Region entgegengesteuert und
zu den Fans eine persönliche Bindung aufgebaut werden. Auch Jugendspieler anderer
Vereine werden so auf die 1899Akadmie aufmerksam. Voraussetzung dafür ist eine gezielte Förderung eigener Talente und weiterer Investitionen in die 1899Akademie.

W-T-Strategien:

Damit die Markenpräsens in der Region weiterhin steigen kann und um sich mit direkten
Ligakonkurrenten wie dem VFB Stuttgart zu messen, muss die TSG 1899 Hoffenheim
wie bereits beschrieben die Markenpräsenz weiter steigern. Die prezero-Arena hat als
Heimspielstätte eine Auslastung von 94% und liegt mit 30150 Plätzen im unteren Bereich
der Bundesliga. Zum Vergleich: Die Heimspielstätte des VFB Stuttgart ist mit 60499
Plätzen mehr als doppelt so groß und erreicht damit bei einer ähnlichen Auslastung innerhalb einer Bundesligasaison deutlich höhere Einnahmen. Auch gibt es hier wesentlich
mehr VIP-Plätze für den B2B-Bereich. Die TSG 1899 Hoffenheim kann hier durch die
Erweiterung eben jener Plätze, die auch außerhalb von Spieltagen nutzbar sind, zu einer
gewinnbringenden Umgebung für B2B- Kontakte beitragen und sowohl neue Sponsoren
als auch Mitglieder gewinnen.

2 Merchandising und Licensing

Ein Volleyballverein feiert sein 30-jähriges Jubiläum. Das zu diesem Anlass spezielle
entwickelte Merchandisingkonzept wird mit Hilfe des „Entscheidungsschema[s] Mer-
chandising" beschrieben (Bölz 2015).

2.1 Wer

Um eine möglichst professionelle und effiziente Arbeitsweise zu garantieren, wird die Entwicklung des Merchandisingkonzeptes an ein externes Unternehmen vergeben. Neues Wissen kann so von außen in den Verein gelangen und zu einer innerbetrieblichen Weiterentwicklung beitragen. Die aktuellen Mitarbeiter des Vereins müssen keine zusätzliche Arbeitsbelastung tragen und das bisherige Geschäftsmodell des Vereins wird beibehalten. Darüber hinaus sollen mit dem Verkauf von Lizenzen weitere Märkte bedient werden. Die Rechte selbst verbleiben aber beim Verein, um eine weitgehende Autonomie zu bewahren. Durch die vereinseigene Beschreibung als sportlich, freundlich und familiär, soll ein ganzheitliches Konzept entwickelt werden, was eine möglichst breite Zielgruppe zeitunabhängig anspricht, aber auch das Jubiläum bedient.

2.2 Was

1. Trikot (Kernsortiment)
   - Volleyballtrikot mit Vereinswappen und individuellem Spielernamen, in Vereinsoptik, Größe 128 – XXL, Preis: 30,99€ (Einkaufspreis: 22,50€)
2. Retrotrikot (Kernsortiment)
   - Volleyballtrikot mit Vereinswappen und individuellem Spielernamen, in Vereins-Retrooptik und Aufschrift: 30-Jahre Volleyball in meiner Stadt, Größe 128 – XXL, Preis: 35€ (Einkaufspreis: 24,50€)
3. T-Shirt (Kernsortiment)
   - T-Shirt mit Vereinswappen und der Aufschrift: 30-Jahre Volleyball in meiner Stadt – Wir leben Volleyball!, Größe 128 – XXL, Preis: 15€ (Einkaufspreis 8,99€)
4. Basecap (Zusatzsortiment)
   - Basecap in den Vereinsfarben und mit Vereinswappen, Aufdruck mit Nummer des Lieblingsspielers möglich, Größe durch Klettverschluss einstellbar, Preis: 10€ (Einkaufspreis: 7,50€)
5. Buntstiftset (Randsortiment)
   - 10 Buntstifte in Vereinsfarben und mit Vereinswappenaufdruck, Preis: 2,95€ (Einkaufspreis: 1,95€)
6. Kaffeetasse (Randsortiment)

- Tasse aus Porzellan, in Vereinsfarben, mit Stadion- oder Lieblingsspieleraufdruck, Größe: 250ml, Preis: 5,95€ (Einkaufspreis: 3,50€)

2.3 Wem

Da der Verein sich selbst als sportlich, freundlich und familiär beschreibt, orientieren sich die angebotenen Fanartikel auch an diesen Leitlinien. So soll eine möglichst breite Zielgrupp einkommensunabhängig angesprochen werden. Die angebotenen Produkte richten sich vor allem, aber nicht ausschließlich, an eine jüngere Zielgruppe im Schulalter. Hier sind durch Kooperationen und Schularbeitsgemeinschaften bereits einige Anknüpfpunkte vorhanden. Durch Artikel wie das Basecap oder Buntstifte soll eine höhere Identifikation mit dem Verein hergestellt werden. So können neue Mitglieder geworben und langfristig gebunden werden. Durch den Verkauf von T-Shirts und Trikots auch in großen Größen, soll die Altersgruppe im berufsfähigen Alter, aber auch darüber hinaus, angesprochen werden. So können auch Jugendliche, welche nicht durch Arbeitsgemeinschaften oder Kooperationen auf den Verein aufmerksam werden, über ihre Eltern ein Interesse am Verein entwickeln.

2.4 Bedingungen

Als Preispolitik wird eine Niedrigpreisstrategie gewählt. Durch niedrigere Preise gegenüber Mitbewerbern am Markt soll der Produkterwerb einer möglichst großen Gruppe zugänglich gemacht werden (Diller et al. 2021). Da mit dem Erwerb von Merchandisingartikeln eine höhere emotionale Identifikation mit dem Verein einher geht, sollen so möglichst viele neue Mitglieder geworben werden (Nowak 2019). Diese gilt es dann langfristig zu binden, um so steigende Einnahmen durch Mitgliedsbeiträge zu generieren und einen nachhaltigen Gewinn zu erzielen. Durch gut bis überdurchschnittlich gut ausgebildete Übungsleiter soll einem eventuell aufkommenden Billigimage entgegengesteuert werden. Auch nach Beendigung der Kampagne sollen die Preise nicht erhöht werden.

2.5 Kanäle

Es wird sowohl eine direkt-eigene als auch eine direkt-fremde Vertriebsform gewählt. Durch regelmäßig stattfindende Freizeit- und Wettkampfturniere sowie Vereinsfeste bieten sich zahlreiche Möglichkeiten eines direkten Verkaufs der Produkte an den Endkunden. Durch einen vereinseigenen Merchandisingstand ist eine dauerhafte Präsenz während der eben genannten Veranstaltungen gesichert. Durch bereits bestehende Kooperation erfolgt eine direkt-fremde Vertriebsform. Hier kann der Präsenz des Vereins und der Merchandisingprodukte, z.B. im regionalen Supermarkt oder Einzelhandel, weiter gesteigert und der Abverkauf erhöht werden.

2.6 Begleitmaßnahmen

Begleitet werden soll das 30-jährige Jubiläum des Vereins durch das Schalten von Gewinnspielen auf Social-Media-Kanälen wie Instagram und Facebook. Durch niederschwellige Teilnahmebedingungen soll eine starke Interaktion mit den Followern generiert werden. Auch steigen dadurch die Reichweite sowie das Ranking innerhalb der Plattform, was zu mehr potenziellen Interessenten am Verein führt und daraus resultierend zu einem höheren Merchandisingumsatz. Da vor allem junge Nutzer Social-Media-Plattformen nutzen, wird die informelle Ansprache mit „du" gewählt. Darüber hinaus werden bei allen gesellschaftlich- und sportlichen Veranstaltungen des Vereins in zeitlicher Nähe zum Jubiläum Flyer verteilt, in denen der Verein sich und seine einzelnen Sektionen vorstellt. So sollen bisher vereinsfremde für das Angebot des Vereins begeistert und neue Mitglieder geworben werden.

2.7 Zeitraum

Der Zeitraum des Merchandisingkonzeptes beträgt drei Monate. Der Tag des Jubiläums soll dabei genau die Mitte des Zeitraums bilden. Durch eine entsprechende Vor- und Nachbegleitung der Feier kann eine emotionale Bindung zum Verein erst aufgebaut und anschließend vertieft werden (Zanger 2015).

3 Digitalisierung

Für einen hypothetischen jugendorientierten Verein wird im Folgenden die Erstellung und Verbreitung einer App beschrieben. Nach dem sportlichen Niedergang des Vereins und dem damit verbundenen Verlust von einer hohen Anzahl an Mitgliedern, soll jetzt eine jüngere Zielgruppe für den Aufbau des Vereins begeistert werden.

3.1 Verein im Überblick

Der Verein besteht bereits seit dem Jahr 1966. Nach dem sportlichen Abstieg der Profi-fußballmannschaft im Jahr 2000 und der damit verbundenen Insolvenz, haben sich viele ehemalige, langjährige Fans abgewandt. Daraus resultierend sank die Mitgliederanzahl um die Hälfte auf 1500 Mitglieder. Das Vereinsangebot besteht im Wesentlichen aus der Sektion Fußball, innerhalb derer alle Altersklassen und Jahrgänge bedient werden. Zur-zeit verfügt der Verein über 17 festangestellte und 10 ehrenamtliche Mitarbeiter. Letztere werden vor allem bei Heimspielen zum Verkauf von Nahrungsmitteln eingesetzt.

Tabelle 2: Der Verein im Überblick

Vereinsangebot	Fußball im Amateurbereich
Mitgliederzahl	1500
Anzahl bezahlter Mitarbeiter	17
Anzahl ehrenamtlicher Mitarbeiter	10

3.2 Zielgruppe der App

Beide Zielgruppen befinden sich im externen Bereich. Zunächst soll eine jüngere Ziel-gruppe im Alter von bis zu 25 Jahren adressiert werden. Diese Altersgruppe verbindet weniger negative Emotionen mit dem Verein da sie den sportlichen und finanziellen Ab-stieg nur unbewusst miterlebt hat. Sie kann demnach leichter emotional gebunden wer-den. So können aus der angesprochenen Zielgruppe zeitnah neue Vereinsmitglieder generiert werden. Mit dem Einsatz von Influencern, welche als Testimonial und Multipli-katoren dienen sollen, kann eine höhere Bindung an den Verein und damit an die App erreicht werden. Durch eine Steigerung der Mitgliedszahlen und einer Erhöhung der zah-lenden Zuschauer bei Vereinsheimspielen, kann der Verein höhere Einnahmen erzielen. Durch ein größeres Zuschauerinteresse steigt das Interesse am Verein im B2B-Bereich. So soll die App auch einen Mehrwert für Sponsoren bilden. Hier kann durch das Schalten von Werbeanzeigen von externen Partnern eine Win-Win-Situation für beide Seiten ent-stehen. Bereits vorhandene Sponsoren und Kooperationen bekommen einen zusätzlichen Mehrwert, was den Verein auch für neue Partner attraktiver macht. Die Partner profitieren von einer stärkeren Markenpräsenz und einem höheren Verkauf ihrer Produkte. Der Ver-ein erhält für jeden Verkauf über die App eine Gewinnbeteiligung.

3.3 Inhalt der App

Tabelle 3: Inhalte der App

Themen	Mehrwert für den Kunden	Mehrwert für den User
Anstehende Events	Erhöhung der Zuschauerzahl durch wiederholte Erinnerung	Langfristige Planung von Spielterminen
Vereinsnews	Bindung von App-Nutzern mit fortwährend neuen Inhalten; Richtigstellung von eventuel-len Fehlinformationen in den Medien	Aktuelle, gesicherte Neuig-keiten aus dem Verein und dessen Umfeld
Mitgliederbereich	Ausbau der Kontakte im B2B-Bereich und Verkaufsbeteili-gung; Gewinn neuer Mitglie-der	Rabattaktionen durch Nut-zung der App bei Vereinspart-nern
Organisation von Fußballtref-fen	Sichtung neuer Talente durch Fußballtreffen im Vereinsum-feld und deren Bindung an den Verein	Einfaches finden von Spiel-partnern und Fußballgruppen in organisierter Umgebung

3.4 Chancen und Risiken der App

Wie bei jeder Neuentwicklung unterliegen sowohl die Entwicklung als auch die Veröffentlichung einer Vereins-App gewissen Chancen und Risiken. Auf jeweils zwei davon soll im Folgenden näher eingegangen werden.

3.4.1 Chancen

Durch die Vereins-App erfolgt eine engere Bindung an die User. So können durch gute Inhalte neue Mitglieder gewonnen und der Verein langfristig finanzielle Gewinne erzielen. Darüber hinaus steht mit der App auch eine vereinseigene Werbeplattform zur Verfügung. Diese kann für neue Kontakte im B2B-Bereich durch das Schalten externer Werbung, sowie für vereinsinterne und Werbung genutzt werden. Bei bereits bestehenden B2B- Kontakten kann die Zufriedenheit und Präsens erhöht werden. Eine langfristige Steigerung des Vereinsimages mithilfe der App ist ebenfalls möglich, womit eine höhere Attraktivität sowohl für potenzielle neue Mitglieder als auch für neue Sponsoren einhergeht. Durch eine fortwährende Erinnerung an bevorstehende Events mittels Push- Benachrichtigungen kann die Zuschauerzahl erhöht werden. Dies wiederum stärkt das Markenimage und macht den Verein attraktiver für neue Sponsoren.

3.4.2 Risiken

Ein naheliegendes Risiko der eigenen Vereins-App besteht im mangelnden finanziellen Erfolg. So könnte sich bei mangelnder Vermarktung und falschen Inhalten die App zu einem Verlustposten im Verein entwickeln. Damit einhergehend besteht das Risiko, dass die App zu einer Verschlechterung des Vereinsimages beiträgt. Durch fehlerhafte Programmierung, unpassende Inhalte und mangelnder Pflege der App führt sie zu unzufriedenen und weniger Usern. Da die App in unmittelbarer Verbindung zum Verein steht, wird dieser als Ganzes dafür verantwortlich gemacht.

3.5 Steigerung des Bekanntheitsgrades

Um einen möglichst erfolgreichen Start der App zu garantieren und um eine hohe Anzahl an Nutzern zu generieren, werden folgende Marketingmaßnahmen unterstützend durchgeführt:

1. Durch den Einkauf von Social-Media-Influencern soll eine hohe emotionale Bindung an die junge Zielgruppe generiert werden. Influencer verfügen über einen großen Einfluss auf ihre Follower und können diese schnell für neue Produkte und Dienstleistungen begeistern (Jahnke 2021). Durch das gezielte Aufrufen zum Download oder Teilen der App dienen diese auch als Multiplikatoren. Zu beachten ist, dass der Influencer mit den Vereinswerten vereinbar sein muss.

2. Begleitend zur Markteinführung der Vereins-App soll eine Marketingkampagne durch den vereinseigenen Account auf den Social-Media-Plattformen Instagram und TikTok durchgeführt werden. Beide Plattformen werden in der überwiegenden Mehrheit von 16-24 Jahre alten Usern genutzt (Statista 2021c) und liegen damit innerhalb der vorrangig anzusprechenden Zielgruppe. Durch niederschwellige Gewinnspiele und einer Verbindung zur App können so weitere Nutzer gewonnen werden.

3. Bei der Programmierung der Vereins-App wird großer Wert auf eine Share-Funktion gelegt. Diese soll es ermöglichen, Inhalte der App möglichst einfach auf vielen verschiedenen Plattformen zu teilen. So wird auch Nichtnutzern ein Mehrwert geboten, der sie vom Download der App überzeugen soll.

4. Um auch ältere potenzielle Nutzer zu erreichen, wird mit der Markteinführung der App eine Pressemitteilung veröffentlicht. Diese wird sowohl auf der Vereinshomepage als auch in den regionalen Zeitungen veröffentlicht, um die Aufmerksamkeit weiter zu steigern.

4 Sponsoring

4.1 Unternehmensbeschreibung

Das fiktive Wirtschaftsunternehmen hat seinen Unternehmenssitz in Baden-Württemberg und damit einen engen, regionalen Bezug zur Laufveranstaltung. Es befand sich vier Generationen in Familienbesitz, wurde aber vor sechs Monaten von einem international agierenden Konzern übernommen. Zurzeit sind 35 Mitarbeiter festangestellt und die Produktpalette besteht aus PH-neutralen Hygieneartikeln, welche speziell auf die Bedürfnisse eines Sportlers abgestimmt sind. Durch häufiges Duschen wird die Haut stark in Anspruch genommen. PH-neutrale Badartikel sollen diesem Risiko vorbeugen oder bei bereits entstanden Problemen Linderung verschaffen. Ein Shampoo, ein Duschbad sowie eine Körperlotion gehören ebenso zum Sortiment wie eine Gesichtscreme. Großer Wert wurde bis zur Übernahme auf Regionalität und kurze Lieferwege gelegt, daher spricht das Unternehmen vor allem eine Zielgruppe mit Wohnsitz in Baden-Württemberg an, die häufig sportlich aktiv ist und dementsprechend einen besonderen Wert auf die Pflege ihrer Haut legt. Da die Produkte im oberen Preissegment angesiedelt sind, richten sie sich vor allem an Privatkunden mit höherem Einkommen. Auch bei der Distribution wird Wert auf einen Bezug zur Region und ökologisches Handeln gelegt. So werden die Produkte nur im Einzelhandel innerhalb Baden-Württembergs verkauft. Eine Onlinebestellung ist auf der firmeneigenen Internetseite ebenfalls möglich. Der Versand erfolgt klimaneutral. Die Firma ist bereits seit einigen Jahren auf Messen innerhalb Baden-Württembergs mit einem eigenen Messestand vertreten. Darüber hinaus wird mit Plakatwerbung und Radiospots auf die Produkte aufmerksam gemacht.

4.2 Phasen des Sponsorings

4.2.1 Festlegung der Ziele

Durch die Firmenübernahme eines international agierenden Konzerns sehen viele langjährige Kunden die Regionalität der Firma in Gefahr und befürchten ein Wachstum auf Kosten der Umwelt. Gezieltes Sponsoring von regionalen Veranstaltungen und ökologischen Projekten soll zu einem positiven Markenimage beitragen. Darüber hinaus soll dadurch eine höhere Bindung an das Produkt erfolgen und so die Kundenzufriedenheit weiter erhöht werden.

4.2.2 Schnittmengenanalyse der Zielgruppe

Da die Laufveranstaltung sich vor allem an Teilnehmer aus der regionalen Umgebung des Veranstaltungsortes richtet, ist der Wohnort der Zielgruppe gleich dem der potenziellen

Käufer des Produktes. Eine weitere Überschneidung liegt in der sportlichen Aktivität der Teilnehmer und Käufer des Produktes, das vor allem auf aktive Menschen im Erwachsenenalter abzielt.

4.2.3 Sponsoring-Einzelmaßnahmen

Da das Laufevent mit einigem zeitlichen Vorlauf in Print- und Onlinemedien beworben wird, werden hier durch das Unternehmen Werbeanzeigen geschaltet. Diese kündigen zeitgleich ein Preisausschreiben an. Aufgrund der Teilnehmerbegrenzung der Veranstaltung und der damit nur schwer zu bekommenden Startplätze, wird durch das Unternehmen eine Verlosung von fünf kostenfreien Starts auf einer Strecke, welche sich die fünf Gewinner frei wählen dürfen, ausgelost. Darüber hinaus bekommt jeder Starter bei der Abholung seiner Teilnehmerunterlagen eine kostenfreie Produktprobe überreicht. Während des gesamten Veranstaltungstages, sowie auch auf der Läuferparty am Abend wird immer wieder durch kurze Einspieler über die Soundanlage auf das Produkt und seinen regionalen Bezug hingewiesen. Außerdem wird das Unternehmenslogo auf dem Teilnehmershirt an einer gut zu erkennen Stelle platziert.

4.2.4 Erfolgskontrolle

Zur Erfolgskontrolle werden zwei Verfahren herangezogen. Zunächst soll eine Wirkungsanalyse des Sponsorings durchgeführt werden. Dazu werden Teilnehmer des Laufes telefonisch durch eine beauftragte Agentur befragt ob und wie sich das Image des Unternehmens durch das Sponsoring verändert hat. Darüber hinaus soll nach einigem zeitlichen Abstand eine Kosten- Nutzen- Analyse durchgeführt werden. Dies ist allerdings erst dann als sinnvoll zu erachten, nachdem ausreichend quantitative Daten vorliegen (Chatrath und Wengler 2009).

5 Literaturverzeichnis

Bölz, Marcus (2015) Sport- und Vereinsmanagement. Sport organisieren und vermarkten. Stuttgart: Schäffer-Poeschel.

Chatrath, Stefan; Wengler, Stefan (2009): Preisfindung für und Bewertung von Sportsponsorships. Berlin: Marketing-Dep. der Freien Univ; MBM Alumni e.V. Verein zur Förderung des Executive Masters of Business Marketing Vertrieb (Berliner Reihe zum Marketing, 5). Online verfügbar unter https://refubium.fu-berlin.de/bitstream/handle/fub188/19397/Arbeitspapier_Nr_5_Chatrath_Wengler_2009.pdf?sequence=1&isAllowed=y, zuletzt geprüft am 21.04.2021.

DFB - Deutscher Fußball-Bund e.V. (2014): Leistungszentren. Online verfügbar unter https://www.dfb.de/sportl-strukturen/talentfoerderung/leistungszentren/, zuletzt aktualisiert am 15.01.2021, zuletzt geprüft am 17.04.2021.

Diller, Hermann; Beinert, Markus; Ivens, Björn Sven; Müller, Steffen (2021): Pricing. Prinzipien und Prozesse der betrieblichen Preispolitik. 5., überarbeitete Auflage. Stuttgart: Verlag W. Kohlhammer (Kohlhammer Edition Marketing).

Galli, Albert; Elter, Vera-Carina; Gömmel, Rainer; Holzhäuser, Wolfgang; Straub, Wilfried; Bagusat, Ariane et al. (2012): Sportmanagement. Finanzierung und Lizenzierung ; Rechnungswesen, Recht und Steuern ; Controlling, Personal und Organisation ; Marketing und Medien. 2. Aufl. München: Vahlen. Online verfügbar unter http://elibrary.vahlen.de/index.php?dokid=48.

Hungenberg, Harald; Wulf, Torsten (2015): Grundlagen der Unternehmensführung. Einführung für Bachelorstudierende. 5. aktualisierte Aufl. Berlin: Springer Gabler (Lehrbuch).

Jahnke, Marlis (2021): Influencer Marketing. Für Unternehmen und Influencer: Strategien, Erfolgsfaktoren, Instrumente, rechtlicher Rahmen. Mit vielen Beispielen. 2nd ed. 2021. Wiesbaden: Springer Fachmedien Wiesbaden; Imprint: Springer Gabler.

Nowak, Gerhard (2019): Angewandte Sportökonomie des 21. Jahrhunderts. Wesentliche Aspekte des Sportmanagements aus Expertensicht. 1st ed. 2019. Wiesbaden: Springer Fachmedien Wiesbaden; Imprint: Springer Gabler.

Seils, Eric: wsi_vm_verfuegbare_einkommen. Online verfügbar unter https://www.boeckler.de/pdf/wsi_vm_verfuegbare_einkommen.pdf, zuletzt geprüft am 18.04.2021.

Statista (2021a): Mitgliederzahlen Bundesliga 2021 | Statista. Online verfügbar unter https://de.statista.com/statistik/daten/studie/29723/umfrage/anzahl-der-mitglieder-ausgewaehlter-vereine-der-bundesliga/, zuletzt aktualisiert am 17.04.2021, zuletzt geprüft am 17.04.2021.

Statista (2021b): Champions League - Prämien der UEFA 2020/2021 | Statista. Online verfügbar unter https://de.statista.com/statistik/daten/studie/247150/umfrage/au-schuettung-an-die-teilnehmenden-klubs-der-uefa-champions-league/, zuletzt aktualisiert am 18.04.2021, zuletzt geprüft am 18.04.2021.

Statista (2021c): Social-Media-Plattformen - Anteil der Nutzer nach Altersgruppen in Deutschland 2020 | Statista. Online verfügbar unter https://de.statista.com/statistik/daten/studie/543605/umfrage/verteilung-der-nutzer-von-social-media-plattformen-nach-altersgruppen-in-deutschland/, zuletzt aktualisiert am 20.04.2021, zuletzt geprüft am 20.04.2021.

Weniger Arbeit, mehr Freizeit (2019). Online verfügbar unter https://d-nb.info/1186819537/34.

Zanger, Cornelia (Hg.) (2015): Events und Emotionen. Stand und Perspektiven der Eventforschung. Wissenschaftliche Konferenz Eventforschung. Wiesbaden: Springer Gabler (Markenkommunikation und Beziehungsmarketing). Online verfügbar unter http://search.ebscohost.com/login.aspx?direct=true&scope=site&db=nlebk&AN=1044649.

6 Tabellenverzeichnis